まちごとアジア

Pakistan 003 Gilgit

ギルギット

「ギンギラバス」
渓谷を走る

گلگت

Asia City Guide Production

【白地図】パキスタン

ASIA
パキスタン

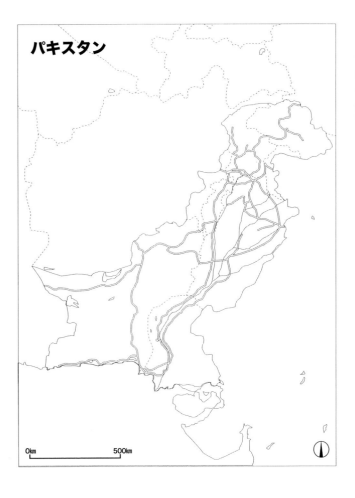

【白地図】ギルギットとパキスタン北部

ASIA
パキスタン

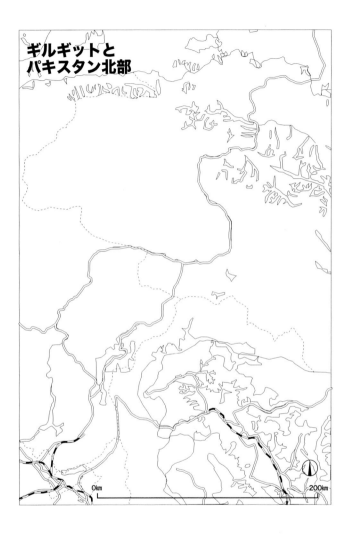

【白地図】ギルギット

ASIA
パキスタン

【白地図】ギルギット中心部

ASIA
パキスタン

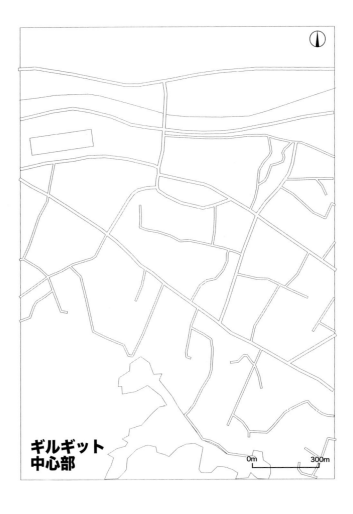

【白地図】ギルギット郊外

ASIA
パキスタン

【白地図】カシュガル〜クンジュラーブ峠（中国側 KKH）

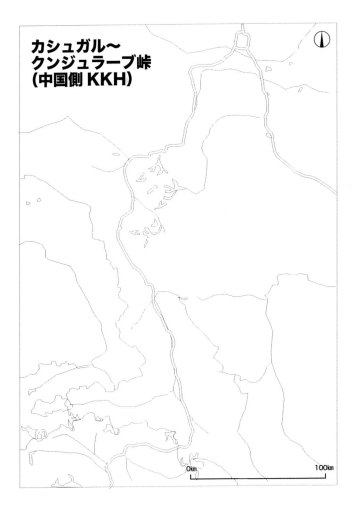

【白地図】クンジュラーブ峠～ギルギット（パキスタン側 KKH 北部）

ASIA
パキスタン

【白地図】ギルギット～イスラマバード（パキスタン側 KKH 南部）

ASIA
パキスタン

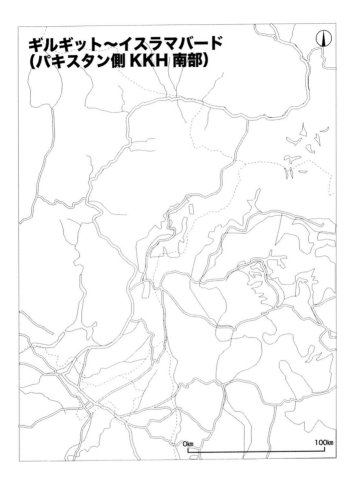

【まちごとアジア】
パキスタン 002 フンザ
パキスタン 003 ギルギット（KKH）
パキスタン 004 ラホール
パキスタン 005 ハラッパ
パキスタン 006 ムルタン

ASIA
パキスタン

　北にカラコルム山脈がせまる山間に位置するギルギット。ここはパキスタン北方のギルギット・バルティスタン州の州都で、カシミール、中央アジア、中国とインド世界を結ぶ交通の要衝となっている。

　山深い山岳地帯が続くパキスタン北方地帯にあって、インダス河やギルギット川、フンザ川がつくる渓谷は古くから交易のための隊商や旅人が通過する道となってきた。その街道上に開けたギルギットには「中国の求法僧」法顕や、「唐の武将」高仙芝も足あとを残している。

ギルギット
گلگت Gilgit

　大国のはざまにあって、長らくこの地帯の所有権が定かでなく、英領インド時代に北方のロシアを牽制するための拠点が構えられたことで街は発展した。1947年の印パ分離独立の際には広大なカシミール藩王国が分割されたが、ギルギットはパキスタン側にくみこまれて現在にいたる。

【まちごとアジア】

パキスタン 003 ギルギット（KKH）

目次

ギルギット（KKH） …………………………………………xviii

北方山岳地帯への起点 …………………………………………xxiv

ギルギット城市案内 ……………………………………………xxxiii

カラコルム・ハイウェイ………………………………………xliv

KKH 旅案内 ……………………………………………………xlvi

パミールを越えた唐の武将……………………………………lxix

【MEMO】

【地図】パキスタン

ASIA
パキスタン

北方山岳地帯への起点

ASIA
パキスタン

カラコルム山脈がせまるパキスタン北方の山岳地帯
四方を山に囲まれたギルギットは
フンザやスカルドゥへの足がかりになる街

ギルギット・バルティスタン州の州都

北に中央アジア、東にチベット、南にカシミールという立地をもつギルギットは古くから要衝として知られ、イスラム化する以前は仏教が栄えていた。この街が発展を見せるようになるのは、19世紀になってイギリスの拠点が構えられるようになってからのこと。イギリスは、ギルギットを旧カシミール藩王国（内政がまかされた半独立国）から租借し、南下するロシアへの最前線の軍営地がおかれていた。1947年の印パ分離独立にあたって、イスラム教徒が多く暮らすギルギットはパキスタンに編入されることになり、フンザ、スカルドゥ

などをふくむギルギット・バルティスタン州の州都となっている。

カシミール藩王国の分割

1947年の印パ分離独立にあたって、広大な領土をもつジャンムー・カシミール藩王国は印パいずれかへの帰属を決めなくてはならなかった。この藩王国はカシミール地方よりもさらに大きな領土をもち、住民の大多数はイスラム教徒だったが、藩王はヒンドゥー教徒だった。藩王は印パとは別の独立国への道を模索して態度を保留していたが、パキスタン側の

ASIA
パキスタン

部族がカシミール地方に武装侵入し、藩王はその鎮圧のためインド軍の出動を要請したことで印パ戦争に突入した。結果、旧カシミール藩王国は停戦ラインで印パに分断され、パキスタン側のギルギット・バルティスタン州、アザド・カシミール州、インド側のジャンムー・カシミール州にわかれることになった（さらに北東部のアクサイチンは中国が実効支配している）。

独自の言葉、独自の文化

ギルギットに暮らす人々（シン人）のあいだでは、シナ語と

Gilgit ― 北方山岳地帯への起点

ASIA
パキスタン

呼ばれる言葉が話されている。シナ語はインド・ヨーロッパ語系の言語だとされ、ギルギットから北方に位置するフンザで話されるブルシャスキー語とは異なる。このような事情は山深いこの地では移動が困難で、他の世界とはあまり関わりあいをもたずに独自の文化が育まれてきたことを意味するという。そのため四方の大国に従属するということが難しく、この地域の国境線や領有権は長いあいだあいまいだった。こうしたなか近代に入って、イギリスがギルギットに軍事拠点を築き、街は発展するようになった。

【MEMO】

Gilgit 北方山岳地帯への起点

【地図】ギルギットとパキスタン北部

【地図】ギルギットとパキスタン北部の [★★★]
- [ ] フンザ Hunza
- [ ] ラワールピンディ Rawalpindi
- [ ] イスラマバード Islamabad

【地図】ギルギットとパキスタン北部の [★★☆]
- [ ] クンジュラーブ峠 Khunjerab Pass
- [ ] ススト Sost
- [ ] ギルギット Gilgit
- [ ] 三大山脈ジャンクション・ポイント
  Junction Point of Three Greatest Mountain Ranges
- [ ] チラス Chilas
- [ ] アボッタバード Abbottabad

【地図】ギルギットとパキスタン北部の [★☆☆]
- [ ] カガン・バレー Kaghan Valley
- [ ] パッタン Pattan
- [ ] ベシャーム Besham
- [ ] ターコット Thakot
- [ ] マンセラ Mansehra
- [ ] ハベリアン Havelian

Guide, Gilgit
ギルギット城市案内

ギルギット川のほとりに開けた街
イギリスの軍営地がおかれたことで発展してきた
州都でありながらこぢんまりとした雰囲気を残している

ギルギットの地

カシュガル（中国）とイスラマバード（パキスタン）を結ぶカラコルム・ハイウェイ。この道はパキスタン側ではフンザ川、インダス河の流れに沿うようにして走り、ギルギットはその要衝となっている。この街を横ぎるようにギルギット川が流れ、街のすぐ下流でフンザ川と、さらに下流でインダス河と合流する。河川がつくる渓谷は交通路となり、多くの人々がギルギットを拠点にパキスタン北方地域へ足を伸ばすようになった。

【地図】ギルギット

【地図】ギルギットの [★★☆]

- [ ] チナール・バーグ Chinar Bagh

ギルギット

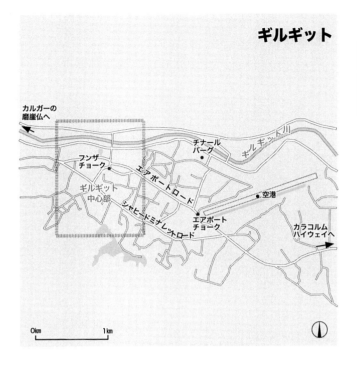

Gilgit ギルギット城市案内

【地図】ギルギット中心部

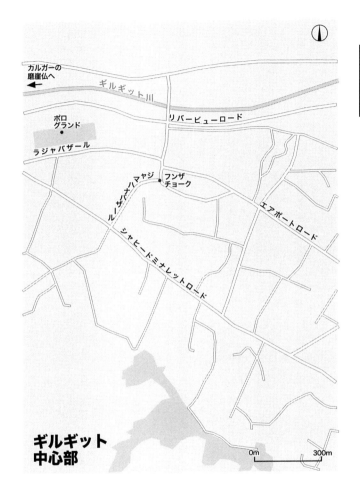

チナール・バーグ Chinar Bagh ［★★☆］

ギルギット川に面した公園チナール・バーグ。チナール・バーグとは「楓の庭」を意味し、この街に暮らす人々の憩いの場となっている。またここにはパキスタン帰属のために戦い、生命を落とした人々が埋葬され、その記念碑が立っている。

▲左 ギルギット川にかかるつり橋。　▲右 ギルギットで出逢った人々、豊かなひげをたくわえている

カルガーの磨崖仏 Kargah Buddha ［★★☆］

街からギルギット川を 5 kmほどさかのぼった上流の崖に見えるカルガーの磨崖仏。地上から 30m ほどの高さに掘りこまれた仏像は、6 世紀ごろのものとされ、ガンダーラ様式ではなく、丸みをおびた顔をしている（カシミール様式と呼ばれる）。6 ～ 7 世紀ごろギルギットを中心とする地域では仏教が栄え、20 世紀に入ってからサンスクリット語で記された仏典「ギルギット写本」が発見されている（50 ～ 70 枚ぐらいの樹皮の紙がかたまったもの）。

【地図】ギルギット郊外の [★★☆]
□ カルガーの磨崖仏 Kargah Buddha

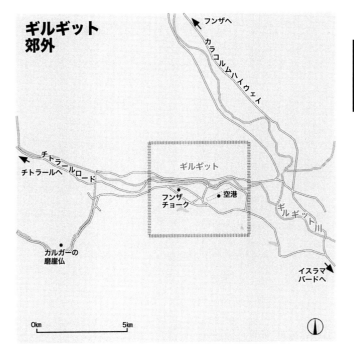

▲左 流れはやがてインダス川に合流する。 ▲右 縫製服パンジャービーをまとった女の子

玄奘三蔵が記したギルギット

インドと中国を結ぶ交通の要衝であったことから、法顕などの求法僧がこの街を通ってガンジス河中流域へ向かっている。また玄奘三蔵はギルギットを鉢露羅国と記していて、「鉢露羅国（今のギルギット地方にあたる）は周囲四千余里ある。（中略）大雪山の間にあって東西は長く南北は狭い。気候はただ寒さ烈しく人の性質は粗暴である。（中略）文字はおおむね印度と同じであるが、言語は諸国と異なっている」と描いている。玄奘三蔵が実際にギルギットに足を運んだかどうかはわかっていない。

【MEMO】

【カラコルム・ハイウェイ】

カシュガル Kashgar/ タシュクルガン Tashkurgan

クンジュラーブ峠 Khunjerab Pass/K2 K2

ソスト Sost/ フンザ Hunza/ ギルギット Gilgit

三大山脈ジャンクション・ポイント
Junction Point of Three Greatest Mountain Ranges

ナンガ・パルバット Nanga Parbat

チラス Chilas/ カガン・バレー Kaghan Valley

パッタン Pattan/ ベシャーム Besham

ターコット Thakot/ マンセラ Mansehra

アボッタバード Abbottabad/ ハベリアン Havelian

ラワールピンディ Rawalpindi

イスラマバード Islamabad

ASIA
パキスタン

パキスタン北部、ヒマラヤの北西を500km以上にわたって走るカラコルム山脈。ヒマラヤ、ヒンドゥークシュとともに「世界の屋根」を形成し、インドと中国というふたつの文明をわける分水嶺になっていた。それでも古くから仏教をはじめとする宗教、絹、食料などの物資が、この山脈、高度4000m以上の峠を越えて運ばれてきた。

かつてスリナガル(インド)を経由してギルギット(パキスタン)へいたる交易路があったが、1947年の印パ分離独立以後、その道は途絶えてしまった。そのため陸の孤島と化し

Karakoram Highway(KKH)
カラコルムハイウェイ

شاہراہ قراقرم

たパキスタン北方地域と平原部を結ぶ大動脈が必要となり、1967年、パキスタンと中国の合同事業としてカラコルム・ハイウェイの建設がはじまった。

カラコルム山脈を越えてパキスタンと中国を結ぶ壮大な計画は、3000人近くの犠牲者を出し、20年の月日をかけて工事は進んだ。1978年、イスラマバードからカシュガルまでの1500 kmが結ばれ、このカラコルム・ハイウェイは「現代のシルクロード」と呼ばれている。

**Guide,
Karakoram Highway**
KKH
ASIA
パキスタン
旅案内

中国カシュガルからパキスタンのイスラマバードまで
深い山のなかを走るカラコルム・ハイウェイ
1500km続く現代のシルクロード

カシュガル Kashgar [★★★]

新疆ウイグル自治区西部に位置するカシュガルは、東西文明が交差するシルクロードの一大交易都市。パキスタンへの起点になるカラコルム・ハイウェイの出発地で、キルギスやタジキスタンといった中央アジアに近いところから、街は独特の雰囲気をもっている。ウイグル人の伝統を伝えるバザールが残る一方、中国資本による開発も進んでいる。標高1300m。

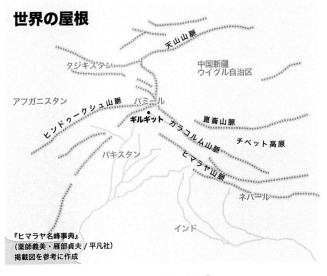

タシュクルガン Tashkurgan［★★☆］

中国側最奥の町タシュクルガン。パキスタンとタジキスタンへの足がかりとなる町で、地名はタジク語の「石の城」を意味する（タジク人が暮らしている）。ここからクンジュラーブ峠までは130kmの距離となっている。標高3200m。

クンジュラーブ峠 Khunjerab Pass［★★☆］

中国とインドの国境にあたるクンジュラーブ峠。標高4730mの世界でもっとも高い国境となっていて、冬は閉鎖される。この峠の北西に位置するミンタカ峠とともにカラコルム越え

【地図】カシュガル〜クンジュラーブ峠（中国側 KKH）

【地図】カシュガル〜クンジュラーブ峠の [★★★]
- [ ] カシュガル Kashgar

【地図】カシュガル〜クンジュラーブ峠の [★★☆]
- [ ] タシュクルガン Tashkurgan
- [ ] クンジュラーブ峠 Khunjerab Pass
- [ ] スト Sost

ASIA
パキスタン

の峠として知られ、カラコルム・ハイウェイの完成とともに主要幹線が通るようになった。パキスタン側最奥の町スストまでは 90 km。

K2 K2 [★★☆]

「カラコルムの帝王」と讃えられる K2。標高 8611m でエベレストにつぐ世界第 2 位の高さをほこる。英領インド時代のインド測量局の測量番号が山名として使用されている。1954年、イタリア隊によって初登頂されている。

▲左　桃源郷にもたとえられるフンザ。　▲右　難所が続くカラコルム・ハイウェイ

ススト Sost ［★★☆］

国境にもっとも近いパキスタン最奥の町ススト。クンジュラーブ峠からこの町までは九十九折の道が続き、はげしい高度差となっている。標高2700m。

フンザ Hunza ［★★★］

インダス河にそそぐフンザ川がつくる谷に開けた集落フンザ（カリマバード）。氷河から水をひいて育まれた緑、ラカポシ（7788m）やディラン（7273m）といった山々がつくる美しい景観をもつ。フンザ渓谷の都邑カリマバードは、1974

年まで独立王国の様相をていしていた藩王(ミール)の宮殿があったところで、現在も独特の雰囲気を見せている。標高2500m。

ギルギット Gilgit [★★☆]

ギルギット・バルティスタン州の州都で、古くからチベットと中央アジア、インドを結ぶ要衝として知られてきたギルギット。街の北にカラコルム山脈がせまり、東に山岳登山の足がかりとなる街スカルドゥが位置する。近くには磨崖仏が残り、ギルギット写本も見つかっているところから、6〜7

世紀ごろには仏教が栄えていたことがわかっている。

法顕が記す道の厳しさ

東晋の時代、仏教が生まれたインドへ求法の旅を続けた僧侶法顕（4世紀後半から5世紀初頭に生きた）。法顕は中央アジアからカラコルム山脈を越え、インダス河に沿って南下したと考えられている。そのときの様子は、「一月間旅を続けて、葱嶺（現在のカラコルム・ハイウェイ）を越えることができた。葱嶺は冬も夏も雪があり、また毒竜がいる。もし毒竜の御機嫌を悪くすると、たちまち毒風や雨雪を吐き、沙や礫や

【地図】クンジュラーブ峠〜ギルギット（パキスタン側KKH北部）

【地図】クンジュラーブ峠〜ギルギットの [★★★]
- [ ] フンザ Hunza

【地図】クンジュラーブ峠〜ギルギットの [★★☆]
- [ ] クンジュラーブ峠 Khunjerab Pass
- [ ] スースト Sost
- [ ] ギルギット Gilgit
- [ ] 三大山脈ジャンクション・ポイント
  Junction Point of Three Greatest Mountain Ranges

石を吹き飛ばす」と記録していて、いかにこの地を旅することが大変なものだったかがうかがい知れる。

三大山脈ジャンクション・ポイント
Junction Point of Three Greatest Mountain Ranges[★★☆]

ヒマラヤ、カラコルム、ヒンドゥークシュという3つの山脈が一堂にかいする三大山脈ジャンクション・ポイント。ジャグロットの町の近郊、インダス河とギルギット川の合流地点に位置する。ここはインド・プレートとユーラシア・プレートが衝突する地点にあたり、地震やがけくずれも頻発する。

▲左 日本語で表記されたバスチケット店。　▲右　かなりのスピードを出すギンギラバス

ナンガ・パルバット Nanga Parbat［★★☆］

標高8125m、世界第9位の高さをほこり、世界でも有数の名峰として知られるナンガ・パルバット。19世紀から登山家たちの挑戦を受け、初登頂までに31名もの生命が奪われたところから、「魔の山」「人喰い山」として恐れられてきた。はじめて人類がこの山にいどんでから半世紀がたった1953年にドイツ隊のヘルマン・ブールが単独登頂を果たした。この山は土地の人々にディアミールと呼ばれ、山そのものだけでなく、地域名としても利用されている。

ASIA
パキスタン

チラス Chilas ［★★☆］

カラコルム・ハイウェイの要衝チラス。ここはインダス河の川幅がせまいことから渡河地点となり、古くから隊商や仏法僧が休息する場所となっていた。また近くには先史時代から10世紀ごろにいたるまでの3万点にのぼる岩絵が残っていて、チラスの岩絵として知られる（仏画、動物、人などが描かれていて、カラコルム・ハイウェイの建設中に発見された）。中国からの求法僧法顕は「葱嶺を渡り終われば、そこは北インドである。始めてその境に入ると、一小国があり、陀歴（チラス）という。ここはまた多くの僧がおり、みな小乗学であ

【MEMO】

【地図】ギルギット〜イスラマバード（パキスタン側KKH南部）

【地図】ギルギット〜イスラマバードの［★★★］
- ☐ ラワールピンディ Rawalpindi
- ☐ イスラマバード Islamabad

【地図】ギルギット〜イスラマバードの［★★☆］
- ☐ ギルギット Gilgit
- ☐ 三大山脈ジャンクション・ポイント Junction Point of Three Greatest Mountain Ranges
- ☐ ナンガ・パルバット Nanga Parbat
- ☐ チラス Chilas

【地図】ギルギット〜イスラマバードの［★☆☆］
- ☐ カガン・バレー Kaghan Valley
- ☐ パッタン Pattan
- ☐ ベシャーム Besham
- ☐ ターコット Thakot
- ☐ マンセラ Mansehra
- ☐ アボッタバード Abbottabad
- ☐ ハベリアン Havelian

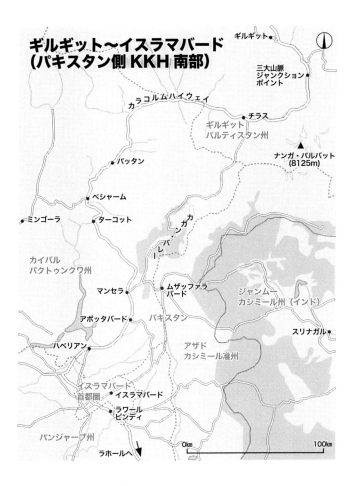

ASIA
パキスタン

る」と記録している。このあたりはパキスタンでも知られた乾燥地帯で、夏の酷暑で知られる。

カガン・バレー Kaghan Valley [★☆☆]
カラコルム・ハイウェイに沿うようにして、チラスからアボッタバードに向かって走る渓谷カガン・バレー。カラコルム・ハイウェイの完成までこの谷がパキスタン北部と平原部を結ぶルートとなっていた。4173mのバーブサル峠、サイフルムルク湖などの景勝地があるほか、この谷は遊牧民の宿営地となっている。

パッタン Pattan ［★☆☆］

ラワールピンディまで 320 kmに位置するパッタン。パッタンという名前は、インダス河の川幅がせばまり、「渡し場」であることからつけられた。

ベシャーム Besham ［★☆☆］

カイバル・パフトゥンハー州への道が合流するベシャーム。イスラマバード方面とスワート谷方面の分岐点となっていて、中国僧法顕はここからスワート谷方面へと向かったと考えられる（この町はカイバル・パフトゥンハー州）。

ASIA
パキスタン

ターコット Thakot [★☆☆]

インダス河とカラコルム・ハイウェイが交わる地に位置するターコット。この道路の建設途中に生命を落とした人々に捧げられた慰霊碑が立つ。

マンセラ Mansehra [★☆☆]

アボッタバード北に位置するマンセラ。ここでカシミール方面の幹線とカラコルム・ハイウェイが合流する（道はパキスタン領内のアザド・カシミールからインド領内のスリナガルへと続いている）。またこの街にはカロシュティ文字で書か

▲左　土砂崩れが起こることもしばしば、困難な道が続く。　▲右　道はラホール、そしてインドへと続いていく

れたアショカ王の碑が残っている。

アボッタバード Abbottabad［★★☆］

ハザラ地区の中心地アボッタバード。英領インド時代、統治者だったジェームズ・アボット卿に町名は由来する（ハザラはペルシャ語で「千」を意味し、1000人単位で編成されたモンゴル軍の末裔が暮らしていたことにちなむ）。標高1250m。

ASIA
パキスタン

ハベリアン Havelian [★☆☆]

イスラマバードの北30kmに位置する小さな町ハベリアン。カシュガルからのはじまったカラコルム・ハイウェイの終着地点となっている(実質、イスラマバードやラワールピンディが起点だと考えられている)。

ラワールピンディ Rawalpindi [★★★]

イスラマバードの南10kmに位置するラワールピンディ。イスラマバードが造営される以前からあり、19世紀の英領インド時代に飛躍的な発展をとげた。中央アジアからパキスタ

ン、インドのガンジス河中流域へと続く幹線路が走り、またパキスタン北方と平原部を結ぶ交通の要衝となっている。

イスラマバード Islamabad［★★★］

パキスタン・イスラム共和国の首都イスラマバード。1947年の印パ分離独立後につくられた新しい街で、官公庁など政府機能が集まる（1967年に首都機能を果たすようになるまではカラチ、ラワールピンディに首都があった）。整然とした碁盤の目状の区画からなる人工都市で、すぐ南にラワールピンディが位置する。

パミールを越えた唐の武将

唐の時代、1万人の軍隊をひきい
氷河におおわれた 4500m の峠を越え
ギルギットにいたった武将高仙芝

ギルギットにあった小勃律国

都長安を中心に広大な領土をもっていた大唐帝国（7～10世紀）。この時代、ギルギット、ヤシンを統治していた小勃律国は、パミールを越えて唐にも朝貢していた。ところが8世紀になって吐蕃（チベット）がこの地域に影響力を強めてくると、小勃律国は唐への朝貢をやめ地理的に近い吐蕃と結ぶことになった。西方ではアッバース朝（アラブ）が領土を拡大して中央アジアにせまり、吐蕃とアラブは同盟して西域における唐の影響力を抑えようとしていた。東西の交易ルートをにぎられることをおそれた唐の玄宗は、「小勃律国にあ

ASIA
パキスタン

る吐蕃勢力を排除」するよう将軍高仙芝に命じた。

高仙芝の遠征

「高」の苗字は高句麗や高麗の出身を意味する。高仙芝は朝鮮出身者として唐の将軍になり、西域の最前線であった亀茲(クチャ)に任じられていた(同じく漢民族でない安禄山や阿倍仲麻呂も、唐の官位を手にしていた)。皇帝の命を受けた高仙芝は、1万人の軍隊をひきいて、小勃律国(ヤシン、ギルギット)を目指し、747年、パミールを越えてダルコット峠からヤシン谷へせめこんだ。高仙芝の軍隊は、5000人

▲左 パキスタン北部からの流れは、下流でインダス文明を育んだ。　▲右 世界中で使用されている紙は中国の発明品、写真は北京の魯迅故居

Gilgit　パミールを越えた唐の武将

を殺して吐蕃勢力を駆逐、ヤシン谷からギルギットにいたる小勃律国を唐軍が制圧することになった。

唐の敗北と「紙の伝播」

高仙芝は、750年、石国(タシケント)を討ち、サマルカンドを含む、中央アジアの覇権を唐がにぎることになった。しかし、この遠征時の高仙芝の残虐な殺戮と略奪行為は、人々の反感を買い、中央アジアのオアシス諸国家は唐に叛旗をひるがえして、アッバース朝のアラブ軍に助けを求めた。751年、カザフスタンのタラス河畔で、唐とアッバース朝という

ASIA
パキスタン

東西の大国が中央アジアで対峙することになった。このタラス河畔の戦いで唐軍は敗れ、中央アジアの覇権はアラブ軍のものとなり、イスラム教がこの地に根づいていった。またこの戦いでは、アラブ軍に捕らえられた唐軍の捕虜を通じて、「紙(製紙技術)」がイスラム世界に伝えられたと言われている(羊の皮などを使って書かれていた『コーラン』は紙に書かれるようになった)。

参考文献

『オクサスとインダスの間に』(ショーンバーグ / 論創社)

『法顕伝』(法顕 / 平凡社)

『クシャーン王朝と遺跡の旅 古の仏教都市・ギルギット』(井上靖 / 潮)

『カラコルムからパミールへ』(ティルマン / 白水社)

『鎮魂のカラコルム』(石川信義 / 岩波書店)

『シルクロード探検』(大谷探検隊 / 白水社)

『中央アジア踏査記』(オーレル・スタイン / 白水社)

『カラコルムを越えて』(ヤングハズバンド / 白水社)

『世界大百科事典』(平凡社)

まちごとパブリッシングの旅行ガイド
Machigoto INDIA , Machigoto ASIA , Machigoto CHINA

【北インド - まちごとインド】

001 はじめての北インド
002 はじめてのデリー
003 オールド・デリー
004 ニュー・デリー
005 南デリー
012 アーグラ
013 ファテープル・シークリー
014 バラナシ
015 サールナート
022 カージュラホ
032 アムリトサル

【西インド - まちごとインド】

001 はじめてのラジャスタン
002 ジャイプル
003 ジョードプル
004 ジャイサルメール
005 ウダイプル
006 アジメール（プシュカル）
007 ビカネール
008 シェカワティ
011 はじめてのマハラシュトラ
012 ムンバイ
013 プネー
014 アウランガバード
015 エローラ
016 アジャンタ
021 はじめてのグジャラート
022 アーメダバード
023 ヴァドダラー（チャンパネール）

024 ブジ（カッチ地方）

【東インド - まちごとインド】

002 コルカタ
012 ブッダガヤ

【南インド - まちごとインド】

001 はじめてのタミルナードゥ
002 チェンナイ
003 カーンチプラム
004 マハーバリプラム
005 タンジャヴール
006 クンバコナムとカーヴェリー・デルタ
007 ティルチラパッリ
008 マドゥライ
009 ラーメシュワラム
010 カニャークマリ
021 はじめてのケーララ
022 ティルヴァナンタプラム
023 バックウォーター（コッラム〜アラップーザ）
024 コーチ（コーチン）
025 トリシュール

【ネパール - まちごとアジア】

001 はじめてのカトマンズ
002 カトマンズ
003 スワヤンブナート

004 パタン
005 バクタプル
006 ポカラ
007 ルンビニ
008 チトワン国立公園

【バングラデシュ - まちごとアジア】

001 はじめてのバングラデシュ
002 ダッカ
003 バゲルハット（クルナ）
004 シュンドルボン
005 プティア
006 モハスタン（ボグラ）
007 パハルプール

【パキスタン - まちごとアジア】

002 フンザ
003 ギルギット（KKH）
004 ラホール
005 ハラッパ
006 ムルタン

【イラン - まちごとアジア】

001 はじめてのイラン
002 テヘラン
003 イスファハン
004 シーラーズ
005 ペルセポリス
006 パサルガダエ（ナグシェ・ロスタム）
007 ヤズド
008 チョガ・ザンビル（アフヴァーズ）
009 タブリーズ

010 アルダビール

【北京 - まちごとチャイナ】

001 はじめての北京
002 故宮（天安門広場）
003 胡同と旧皇城
004 天壇と旧崇文区
005 瑠璃廠と旧宣武区
006 王府井と市街東部
007 北京動物園と市街西部
008 頤和園と西山
009 盧溝橋と周口店
010 万里の長城と明十三陵

【天津 - まちごとチャイナ】

001 はじめての天津
002 天津市街
003 浜海新区と市街南部
004 薊県と清東陵

【上海 - まちごとチャイナ】

001 はじめての上海
002 浦東新区
003 外灘と南京東路
004 淮海路と市街西部
005 虹口と市街北部
006 上海郊外（龍華・七宝・松江・嘉定）
007 水郷地帯（朱家角・周荘・同里・甪直）

【河北省 - まちごとチャイナ】

001 はじめての河北省
002 石家荘
003 秦皇島
004 承徳
005 張家口
006 保定
007 邯鄲

【江蘇省 - まちごとチャイナ】

001 はじめての江蘇省
002 はじめての蘇州
003 蘇州旧城
004 蘇州郊外と開発区
005 無錫
006 揚州
007 鎮江
008 はじめての南京
009 南京旧城
010 南京紫金山と下関
011 雨花台と南京郊外・開発区
012 徐州

【浙江省 - まちごとチャイナ】

001 はじめての浙江省
002 はじめての杭州
003 西湖と山林杭州
004 杭州旧城と開発区
005 紹興
006 はじめての寧波
007 寧波旧城
008 寧波郊外と開発区
009 普陀山
010 天台山
011 温州

【福建省 - まちごとチャイナ】

001 はじめての福建省
002 はじめての福州
003 福州旧城
004 福州郊外と開発区
005 武夷山
006 泉州
007 廈門
008 客家土楼

【広東省 - まちごとチャイナ】

001 はじめての広東省
002 はじめての広州
003 広州古城
004 天河と広州郊外
005 深圳（深セン）
006 東莞
007 開平（江門）
008 韶関
009 はじめての潮汕
010 潮州
011 汕頭

【遼寧省 - まちごとチャイナ】

001 はじめての遼寧省
002 はじめての大連
003 大連市街
004 旅順
005 金州新区

006 はじめての瀋陽
007 瀋陽故宮と旧市街
008 瀋陽駅と市街地
009 北陵と瀋陽郊外
010 撫順

【重慶 - まちごとチャイナ】

001 はじめての重慶
002 重慶市街
003 三峡下り（重慶〜宜昌）
004 大足

【香港 - まちごとチャイナ】

001 はじめての香港
002 中環と香港島北岸
003 上環と香港島南岸
004 尖沙咀と九龍市街
005 九龍城と九龍郊外
006 新界
007 ランタオ島と島嶼部

【マカオ - まちごとチャイナ】

001 はじめてのマカオ
002 セナド広場とマカオ中心部
003 媽閣廟とマカオ半島南部
004 東望洋山とマカオ半島北部
005 新口岸とタイパ・コロアン

【Juo-Mujin（電子書籍のみ）】

Juo-Mujin 香港縦横無尽
Juo-Mujin 北京縦横無尽
Juo-Mujin 上海縦横無尽

【自力旅游中国 Tabisuru CHINA】

001 バスに揺られて「自力で長城」
002 バスに揺られて「自力で石家荘」
003 バスに揺られて「自力で承徳」
004 船に揺られて「自力で普陀山」
005 バスに揺られて「自力で天台山」
006 バスに揺られて「自力で秦皇島」
007 バスに揺られて「自力で張家口」
008 バスに揺られて「自力で邯鄲」
009 バスに揺られて「自力で保定」
010 バスに揺られて「自力で清東陵」
011 バスに揺られて「自力で潮州」
012 バスに揺られて「自力で汕頭」
013 バスに揺られて「自力で温州」

【車輪はつばさ】
南インドのアイラヴァテシュワラ寺院には建築本体に車輪がついていて寺院に乗った神さまが人びとの想いを運ぶと言います。

- 本書はオンデマンド印刷で作成されています。
- 本書の内容に関するご意見、お問い合わせは、発行元のまちごとパブリッシング info@machigotopub.com までお願いします。

まちごとアジア
パキスタン003ギルギット（KKH）
～「ギンギラバス」渓谷を走る［モノクロノートブック版］

2017年11月14日　発行

著　者	「アジア城市（まち）案内」制作委員会
発行者	赤松　耕次
発行所	まちごとパブリッシング株式会社 〒181-0013　東京都三鷹市下連雀4-4-36 URL http://www.machigotopub.com/
発売元	株式会社デジタルパブリッシングサービス 〒162-0812　東京都新宿区西五軒町11-13 清水ビル3F
印刷・製本	株式会社デジタルパブリッシングサービス URL http://www.d-pub.co.jp/

MP073

ISBN978-4-86143-207-1 C0326　　　Printed in Japan
本書の無断複製複写（コピー）は、著作権法上での例外を除き、禁じられています。